SILVANA PERINI

PARLIAMO
INSIEME
L'ITALIANO

TESTO PER CORSI
DI LINGUA E CULTURA
ITALIANA ALL'ESTERO

SECONDO LIVELLO 2

GIUNTI MARZOCCO

Presentazione di nuovi contenuti

Esercitazioni e verifiche

Poesie e filastrocche

Favole e racconti

Canzoni

Giochi linguistici

Grafica e illustrazioni
PETER PELLEGRINI

Redazione
ELISABETTA PERINI

Impianti
TIPONGRAPH - VERONA

Realizzazione
GIUNTI MARZOCCO

ISBN 88-09-00298-9
© 1991 Giunti Gruppo Editoriale, Firenze

Il corso di lingua «Parliamo insieme l'italiano» per fanciulli che apprendono la lingua italiana all'estero si articola in cinque volumi, per cinque livelli, ciascuno dei quali è corredato da un quaderno operativo.

Questa proposta di lavoro trae origine da una precisa scelta metodologica maturata attraverso la personale esperienza di insegnamento dell'italiano come seconda lingua, confrontata con i risultati degli studi più recenti in materia di psicolinguistica e glottodidattica, verificata in svariate situazioni scolastiche europee ed extraeuropee – particolarmente australiane – nell'ambito delle quali viene promosso l'apprendimento della lingua italiana.

La prospettiva della «lingua come comunicazione» induce a scandire gli obiettivi ed i contenuti del corso ponendo il fanciullo al centro del processo di apprendimento/insegnamento: un fanciullo protagonista che vive situazioni comunicative legate al suo mondo, ai suoi interessi, alle sue curiosità. In una progressione a spirale in cui gli esponenti di una funzione e di una nozione vengono via via ripresi, approfonditi, sviluppati e consolidati il bambino dapprima ascolta e comprende il messaggio, in un secondo tempo cerca di riprodurlo manipolandone gli elementi costitutivi e infine scopre e conquista costanti linguistiche basilari.

L'impostazione globale del corso è stata resa flessibile per consentire ai docenti di tarare gli obiettivi a misura delle varie realtà socio-culturali in cui operano; essa offre inoltre la possibilità di agire secondo approcci diversi e diversificati.

I suggerimenti e le proposte di attività offerti nel testo privilegiano il gioco linguisticamente finalizzato, rispondendo alla peculiare esigenza ludica del fanciullo.

Tenuto conto peraltro che l'immagine riveste notevole importanza nel processo di apprendimento di una lingua, si è dedicata una cura particolare all'apparato illustrativo che, grazie alla sua immediatezza ed espressività, diventa supporto motivante, funzionale alla comprensione dei messaggi, alla produzione orale e scritta ed all'accostamento alla lettura.

I quaderni di lavoro che accompagnano ogni volume del corso offrono un'ulteriore gamma di esercizi di ampliamento, di fissaggio, di rinforzo, di reimpiego e di verifica di quanto è stato appreso in classe, sotto la guida dell'insegnante.

Con la presente proposta di lavoro l'autrice si augura di poter contribuire alla conoscenza ed alla diffusione all'estero della lingua e della cultura italiana.

S.P.

INDICE

7

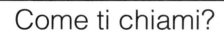

Come ti chiami? Mi chiamo........Estevan...............

Come si chiama?

Come si chiama il tuo maestro o la tua maestra?

Si chiama............Giulaino............

Bip saluta...

Oggi Lucia fa la maestra

Sai scrivere le parole al posto giusto?

libro | quaderni | penna | bambini

bambino | matita | colori | bambine

lavagna

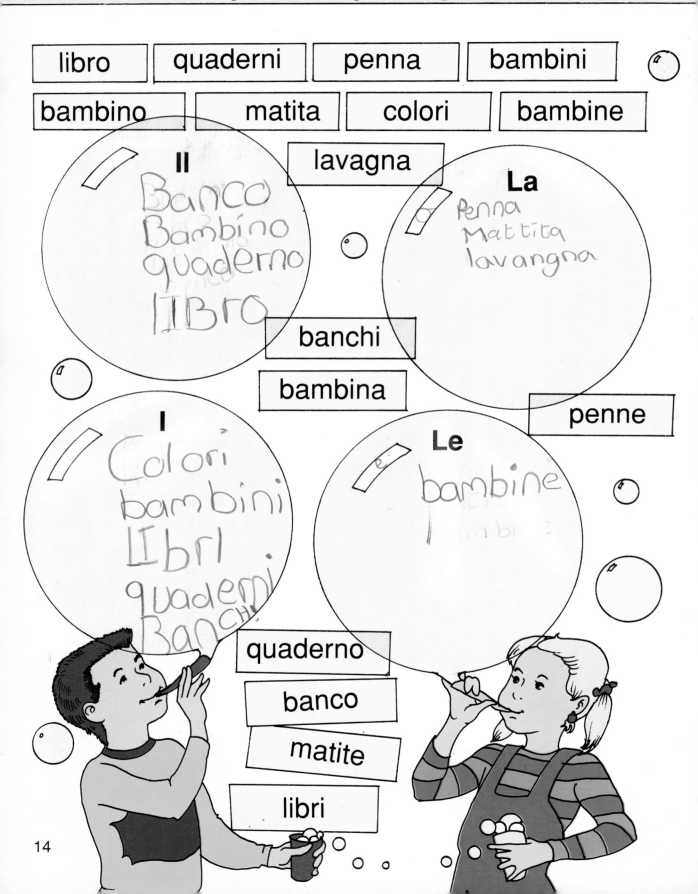

Il

Banco
Bambino
quaderno
LIBro

La

Penna
Mattita
lavangna

banchi

bambina

penne

I

Colori
bambini
LIbrI
quademi
Banchi

Le

bambine
bambi

quaderno

banco

matite

libri

Le bolle di sapone

Anche Bip ha fatto le bolle di sapone.
Che cosa vedi?

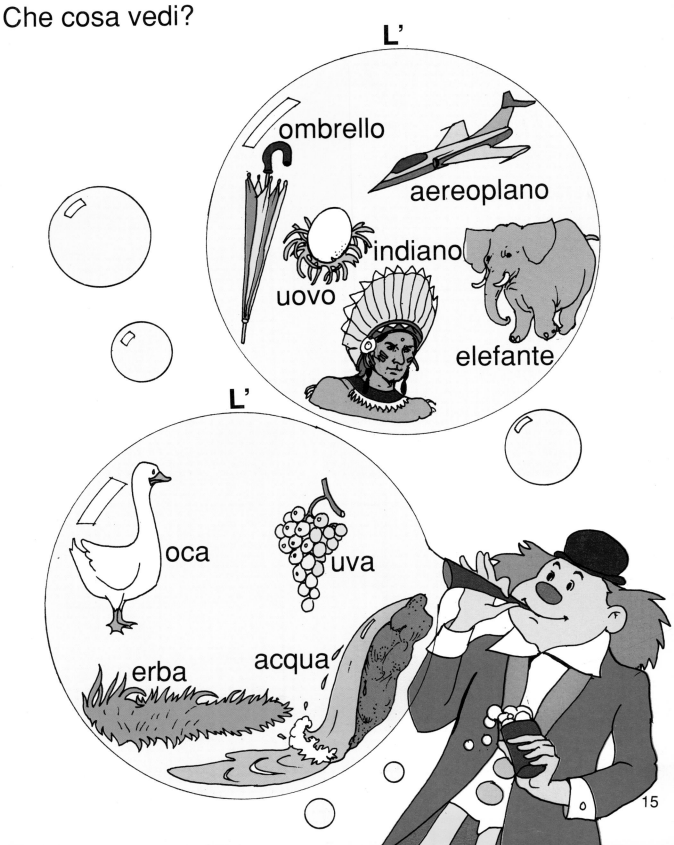

L'

ombrello

aereoplano

indiano

uovo

elefante

L'

oca

uva

erba

acqua

Sono senza... Prestami...

*Ogni bambino finge di non avere un oggetto
e ripete queste scenette con i compagni.*

Marta e Piero

Il gioco dei cartellini

Prendi la penna e scrivi!

Prendi la matita e disegna!

Prendi il libro e leggi!

Prendi il gesso e scrivi!

Metti il libro sul banco!

Metti il libro sotto il banco!

Ogni bambino prende un cartellino e lo legge ad alta voce. Poi mima l'azione dicendo: "Prendo la penna e scrivo", ecc.

Ho... non ho...

Rispondi!

Che cosa ha?

Lia ha un cane.

Marco ha un aquilone.

Giulia ha un gelato.

Che cosa hanno?

I bambini hanno le biciclette.

Le bambine hanno le bambole.

Ivo e Rosa hanno l'ombrello.

Osserva e racconta...

Questi sono i sette nani.
I nani hanno il cappello, la barba, gli stivali.
La casa dei nani ha il tetto, il camino
e le finestre.

Questi sono i sette nani.
I nani..

....

La casa dei nani.. 21

....

Di che colore è?

La mela è...rossa...
Il libro è.....rosso..

rosso
rossa

L'oca è...bianca
il foglio è...bianca

bianco
bianca

Il sole è..giallo.
La banana è...gialla

giallo
gialla

L'albero è...verde...
L'erba è....verde.

verde

La penna è..azzurra
L'ombrello è..azzurro

azzurro
azzurra

La lavagna è ...nera...
Il cappello è.....nero..

nero
nera

La castagna è..marrone.
Il tavolo è..marrone

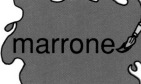

marrone

Di che colore sono?

Cerca e completa!

verdi
rosse
nere
bianchi
verdi
gialle
rossi
azzurri
gialli
bianche
azzurre
neri

I quaderni sono............
Le mele sono............

Gli alberi sono............
Le foglie sono............

I limoni sono............
Le banane sono............

Gli ombrelli sono............
Le maglie sono............

Le oche sono............
I fogli sono............

I gatti sono............
Le scarpe sono............

23

Che cosa ha...?

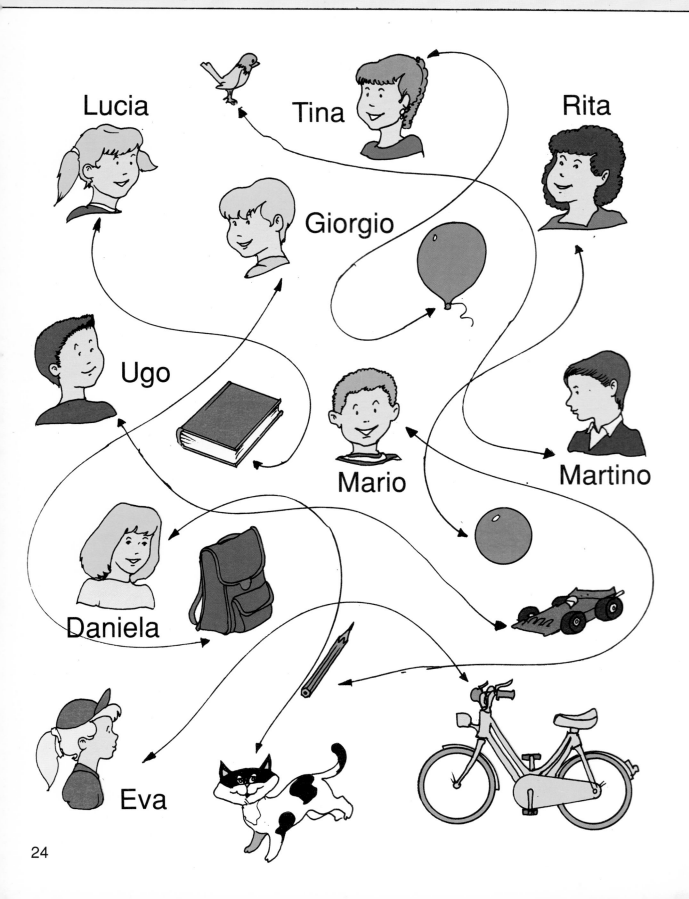

Ora rispondi!

Lucia ha un libro rosso.

Mario ha una matita.....................................

Giorgio ha una cartella.................................

Tina ha un pallone......................................

Daniela ha un gatto.....................................

Eva ha una bicicletta...................................

Martino ha un uccellino.................................

Ugo ha un'automobilina.................................

Rita ha una palla.......................................

Che cos'hai tu? Racconta.
Io ho...

....

....

Di chi è?

Osserva la pagina 24 e metti la crocetta
al posto giusto.

Di chi è?	Ugo	Rita	Mario	Eva	Martino	Lucia	Giorgio	Mario	Tina
📖									
✏️									
🎈									
🎒									
🚲									
🐱									
⚫									
🏎️									
🐦									

Ora leggi!
Il libro rosso è di Lucia. La matita................................

....

....

I compagni di Michele

- Mamma, guarda! Ho disegnato i miei compagni.
- Fammi vedere, Michele.

- Chi è questa?
- È Anna. Anna ha i capelli neri e gli occhi castani.

- Chi è questo?
- È Gianni. Gianni ha i capelli rossi e gli occhi verdi.

- E questa chi è?
- È Marta. Marta ha i capelli biondi e gli occhi azzurri.

Di che colore sono i tuoi occhi?
Di che colore sono i tuoi capelli?

Ho visto un prato...

Ho visto un prato
verde, verde, verde,

coperto d'erba
verde, verde, verde,

sul prato c'era un albero
verde, verde, verde,

e sull'albero un nido
verde, verde, verde,

e nel nido un uccello
verde, verde, verde,

ha fatto un uovo
bianco, bianco, bianco.

Ho visto un cielo
azzurro, azzurro, azzurro,

e sotto un mare
azzurro, azzurro, azzurro,

nel mare c'è una barca
azzurra, azzurra, azzurra.

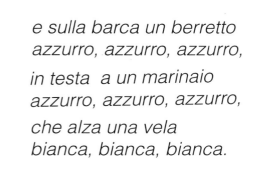

e sulla barca un berretto
azzurro, azzurro, azzurro,

in testa a un marinaio
azzurro, azzurro, azzurro,

che alza una vela
bianca, bianca, bianca.

Ho visto un paese
bianco, bianco, bianco,

con tante case
bianche, bianche, bianche,

in cima a un monte
bianco, bianco, bianco,

e su e giù per la strada
bianca bianca bianca,

ci corre un bambino
bianco , bianco, bianco,

con un aquilone
rosso, rosso, rosso.

G. Rodari

29

È tua?

Prova a fare un dialogo come questo con i tuoi compagni.

Contiamo!

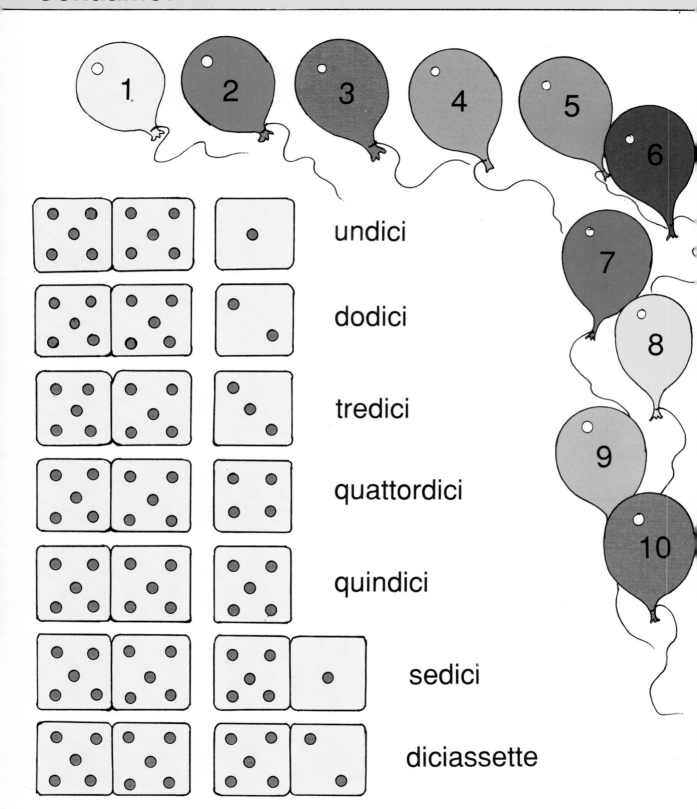

undici

dodici

tredici

quattordici

quindici

sedici

diciassette

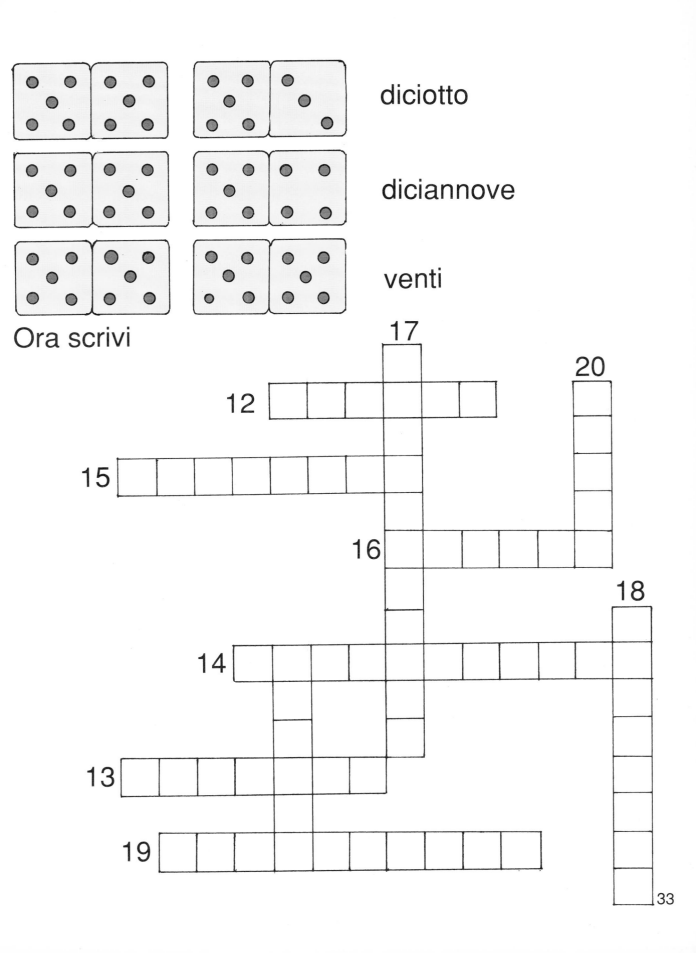

diciotto

diciannove

venti

Ora scrivi

33

- Ciao, Marta!

- Ciao, Ivo. Come stai?

- Bene grazie. Dove vai, Marta?

- Vado a scuola. E tu?

- Anch'io.
  Vieni con me?

- Sì, vengo con te.
  Andiamo a scuola insieme.

Prova a fare questa scenetta con i tuoi compagni.

Dove va?

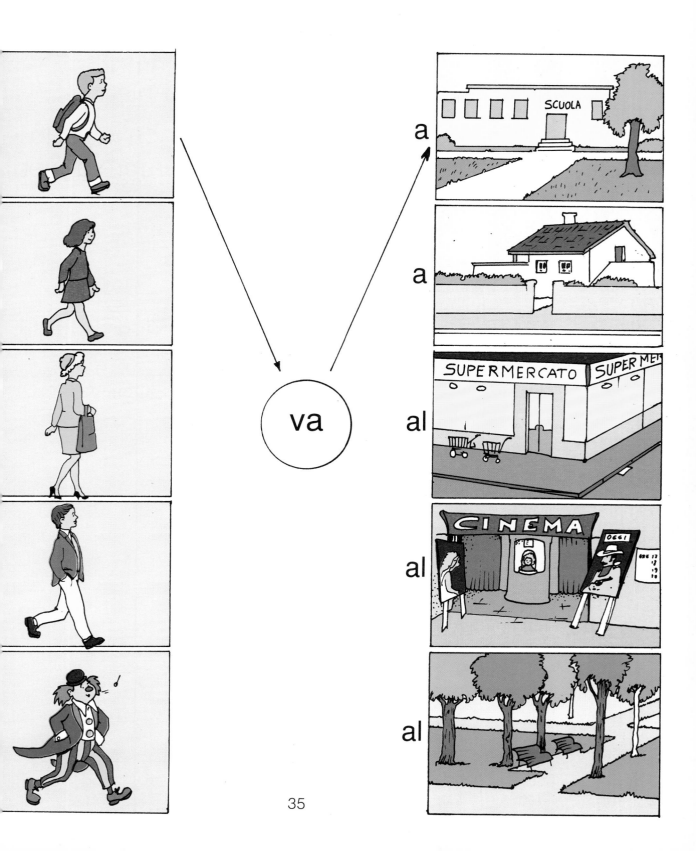

a

a

va

al

al

al

35

Come vai a scuola?

Gioco a catena. Un bambino chiede
al compagno: "Vai a scuola a piedi?"
o "Vai a casa a piedi?". Il compagno
risponde e, a sua volta, fa la domanda
al suo vicino.

Il gioco dell'oca

*Si gioca con un dado. Il bambino conta ad
alta voce. Se trova un comando deve ripeterlo
in prima persona: Es: "Torno al numero 2". Se trova
un'illustrazione deve dire: "Questo è...
questa è..."
Se sbaglia ritorna alla partenza.*

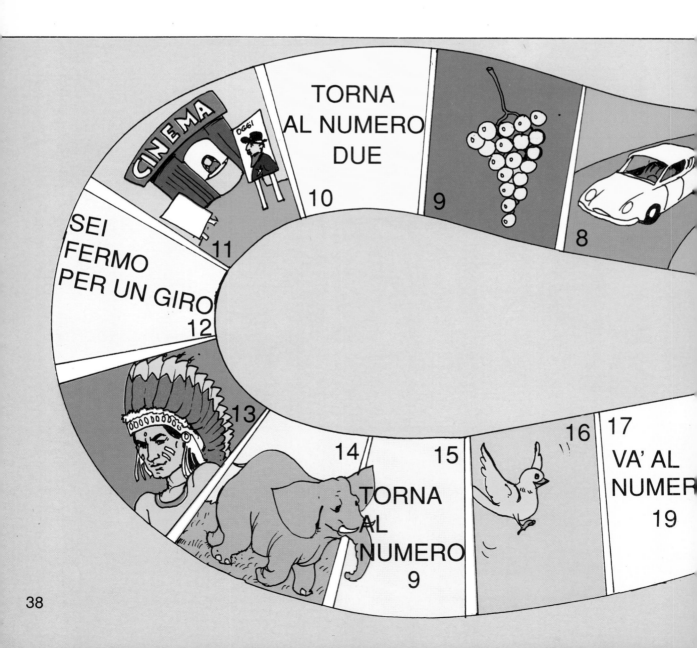

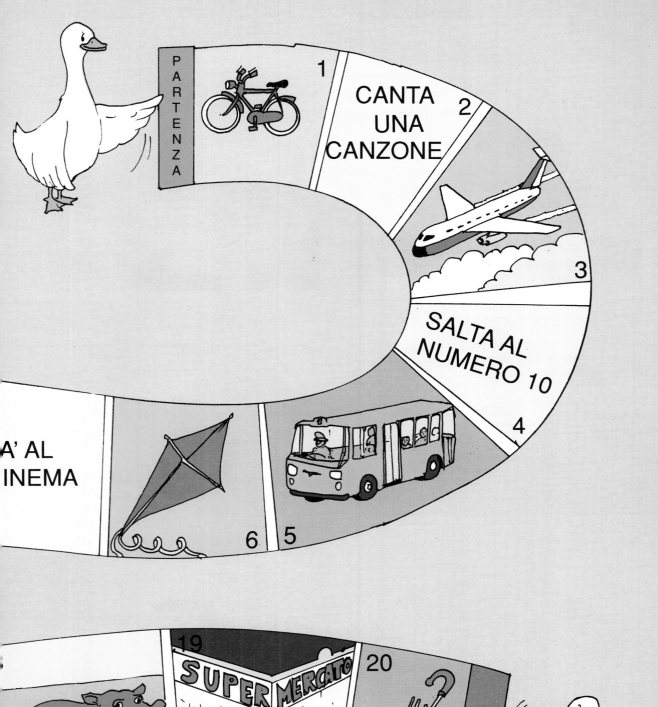

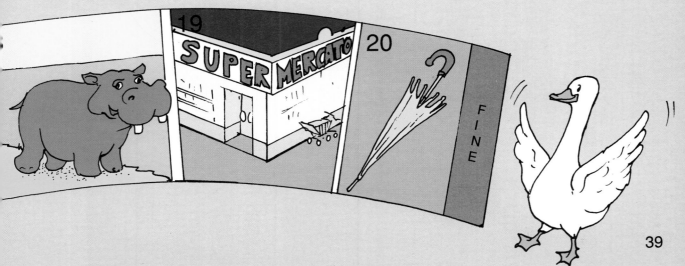

Che cosa fai?

Disegno un pagliaccio

Luca

Leggo il giornale

Il babbo

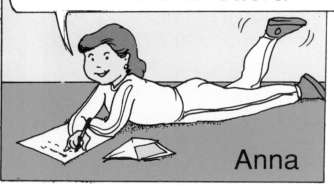

Scrivo una lettera

Anna

Ascolto una cassetta

Luisa

Ascolto un disco

Silvia

Ascolto la radio

Alberto

Guardo la televisione

Andrea

Chi........?

Chi disegna? Luca disegna.
Chi legge?...
Chi scrive?..
Chi ascolta una cassetta?..
....
Chi ascolta un disco?..
....
Chi ascolta la radio?...
....
Chi guarda la televisione?...
....

Che cosa.......?

Che cosa disegna Luca?
Luca disegna un pagliaccio.
Che cosa scrive Anna?....................................
....

41

Che cosa legge il babbo?......................................

....

Che cosa ascolta Luisa?..................................

....

Che cosa ascolta Silvia?..................................

....

Che cosa guarda Andrea?..................................

....

Giochiamo!

È passato il vento!

mangia

una banana

una bambina

Sai mettere in ordine?..................................

....

42

un disco

La mamma

ascolta

legge Il bambino

il giornalino

la televisione

guarda

La nonna

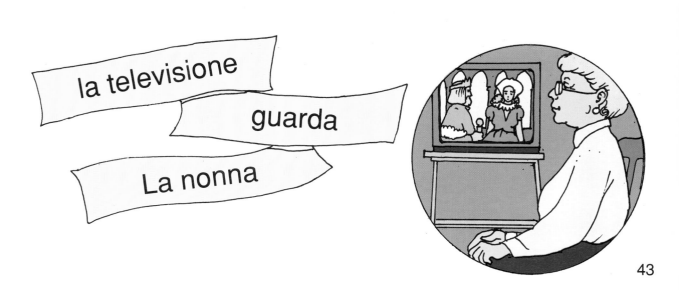

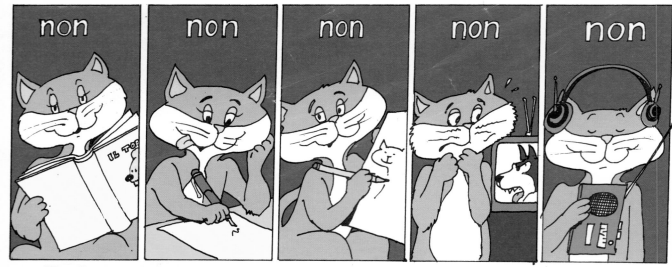

Fufi non legge, non scrive, non disegna, non guarda la televisione, non ascolta la radio... Fufi mangia il pesce, beve il latte, corre in giardino, dorme nel cestino e gioca con il gomitolo di lana.

Racconta che cosa fa Fufi.
Racconta che cosa non fa Fufi.

Che cosa fate?

Al parco

È domenica. Il cielo è azzurro.

Il sole splende. Un pallone vola.

Gli uccellini cantano.

I bambini giocano a pallone,

giocano con le barchette, corrono,

vanno in bicicletta, vanno in altalena.

Un signore legge il giornale.

Una signora va a passeggio.

Una bambina mangia una mela.

Un bambino beve l'acqua.

Un bambino gioca con un aeroplano rosso.

Ora guarda la pagina accanto.
Che cosa vedi? Racconta!
Che cosa fanno i bambini?

Chi? Che cosa fa? Che cosa fanno?

	Chi?	Che cosa fa?
Al parco	Il sole Il pallone Una bambina Un signore Un bambino	splende vola mangia legge beve

	Chi?	Che cosa fanno?
Al parco	Gli uccellini I bambini	cantano giocano a pallone giocano con le barchette corrono vanno in bicicletta vanno in altalena

Giochiamo!

Un pallone

Un pallone	vola

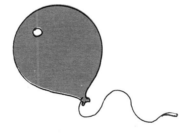

Un pallone		vola

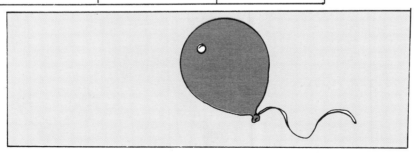

Un pallone		vola	

Quali parole trovi in tutte le frasi?

Osserva e completa

Il bambino gioca.

Il bambino.....................................
....
....

con chi?

Il bambino............................
....
....

dove?

Il bambino............................
....
....
....

Girotondo

Facciamo un girotondo
che gira come il mondo,
tenendoci per mano,
ben stretti, col compagno.
Gira oilì, gira oilà
che bel gioco è questo qua.
Ma quando la maestra
ci batterà le mani,
dall'altra parte tutti
composti gireremo.
Gira oilì, gira oilà
che bel gioco è questo qua.

G. Ghiglione

51

Giochiamo a nascondino

Dov'è Lucio?   Dov'è Paolo?

Dov'è Anna?   Dov'è Dino?

Dov'è Elena?   Dov'è Bip?

Il gallo è sopra il gatto
Il gatto è............. il cane
Il cane è............. l'asino

L'asino è sotto il cane
Il cane è............ il gatto
Il gatto è............ il gallo.

Dov'è?

Rispondi!

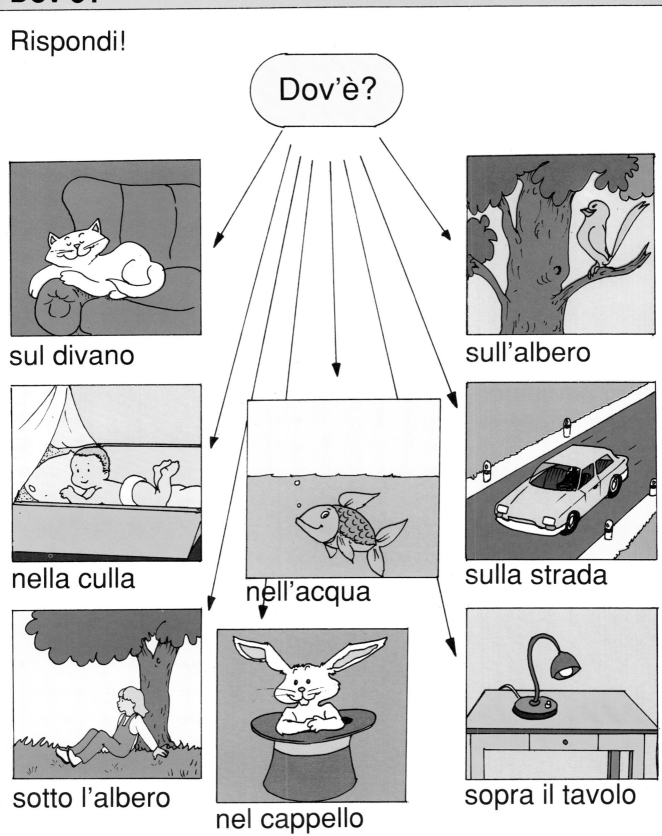

Dov'è?

sul divano

sull'albero

nella culla

nell'acqua

sulla strada

sotto l'albero

nel cappello

sopra il tavolo

Dov'è?

*Un bambino esce. I compagni nascondono
la sua penna sopra l'armadio.
Il bambino torna in classe e chiede:*

Il bambino: - Dov'è la mia penna?
            - È sotto il banco?
I compagni: - No!
Il bambino: - È nella mia cartella?
I compagni: - No!
Il bambino: - È nella borsa della maestra?
I compagni: - No!
Il bambino: - È nell'armadio?
I compagni: - No!
Il bambino: - È sopra l'armadio?
I compagni: - Sì, è sopra l'armadio. Bravo!

Continua questo gioco con i tuoi compagni.

soggiorno

cucina

e..................................
....

e..................................
....

bagno

e..................................
....

vado in...

camera

e..................................
....

57

Che disordine!

- Elisabetta, dove sei?
- Sono qui, mamma! Cosa c'è?
- Vieni con me.

Che ordine nella stanza di Elisabetta!

Nel cestino c'è l'orsetto.
Nella scatola c'è la palla.
Sulla sedia c'è la cartella.
Sul tavolo c'è la radio.

Sul letto ci sono le bambole.
Nella scatola ci sono le cassette.
Sotto il letto ci sono le pantofole.
Sul tavolo ci sono i libri.

Ora copri con un foglio queste frasi e racconta che
cosa c'è nella stanza di Elisabetta.

No, non c'è

Gli occhiali della nonna

- Dove sono i miei
  occhiali, Anna?
- Non lo so, nonna.

- Sono sul tavolo?
- No, non ci sono.
- Sono nel cassetto?
- No, non ci sono.

- Sono sotto il giornale?
- No, non ci sono.

- Nonna, i tuoi occhiali
  sono sul tuo naso!
- Oh sì. È vero.
  Eccoli qui.

Sai fare questa scenetta con i tuoi compagni?

I gattini e il topo

Micio e Micetto
sull'alto del tetto
si sono incontrati
si sono salutati
"Oh, ciao come stai?"
"Oh, ciao dove vai?"
"Io cerco un topino
che sta in un buchino"
"Davvero? dov'è?
Io vengo con te"
Ma il topo cu-cu
ormai non c'è più.

Uno , due, tre...

Soffia uno...
soffia due...
soffia tre...
Chi c'è, c'è.
Chi non c'è, non c'è.

Bip cerca il cappello

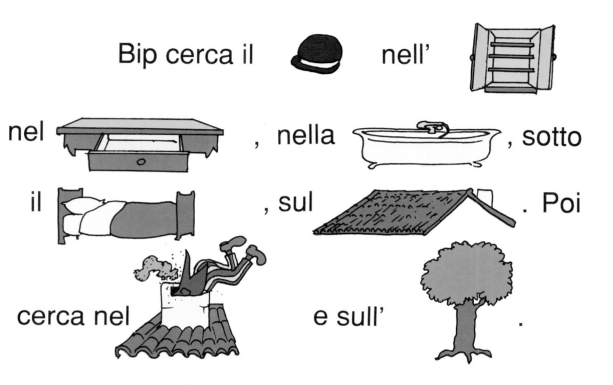

Bip cerca il 🎩 nell' 🗄️

nel 🗄️ , nella 🛁 , sotto

il 🛏️ , sul 🏠 . Poi

cerca nel 🏭 e sull' 🌳 .

- Bip, che cosa cerchi? - chiede un bambino.

- Cerco il mio 🎩 !

- Il tuo 🎩 è sulla tua 👤 Bip!

- Oh, come sono stupido!

È Natale. Cantiamo una canzone
a Gesù Bambino.

Dormi, dormi bel bambin

DOR-MI DOR-MI BEL BAM-BIN RE DI - VIN, RE DI - VIN FA LA

NAN-NA BEL BAM-BI - NO RE DI-VIN, RE DI-VIN FA LA NAN-NA

BEL BAM-BI - NO. FA LA NIN-NA, FA LA NAN-NA, FA LA NIN-NA

NAN-NA A GE-SÙ.GLI AN-GIO-LET - TI SU NEL CIE-LO VE-GLIE-RAN SU TE GE-SÙ.

LA LA LA LA LA LA LA LA LA LA LA LA LA LA LA LA LA LA LA LA LA LA!

Dormi dormi bel bambin
Re divin, Re divin
fa la nanna bel bambino
Re divin, Re divin
fa la nanna bel bambino.
Fa la ninna, fa la nanna
fa la ninna - nanna a Gesù.
Gli angioletti su nel cielo
veglieranno su te Gesù.
La la la la la
la la la la la
la la la la la
la la la la!

Una lettera

Franco disegna e scrive
- Che cosa fai? - **chiede
la sorellina.**
- Scrivo.
- A chi scrivi?
- Al babbo e alla mamma.
- Perché?
- Perché presto è Natale.

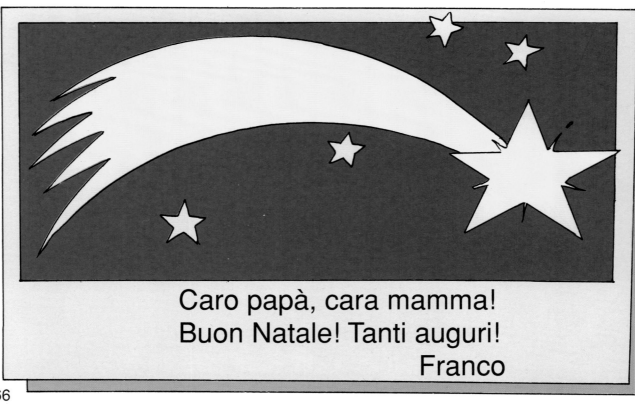

Caro papà, cara mamma!
Buon Natale! Tanti auguri!
Franco

La data

Che giorno è oggi?
Che giorno era ieri?
Che giorno è domani?

Il calendario

Sul calendario ci sono dodici mesi.
Come si chiamano?

Mancano i disegni: falli tu...

In dicembre c'è la festa di Natale.
Che cosa c'è in gennaio?
Che cosa c'è in febbraio?
Che cosa c'è negli altri mesi?

Io conto

20 venti
21 ventuno
22 ventidue
23 ventitre
24 ventiquattro
25 venticinque
26 ventisei
27 ventisette
28 ventotto
29 ventinove
30 trenta

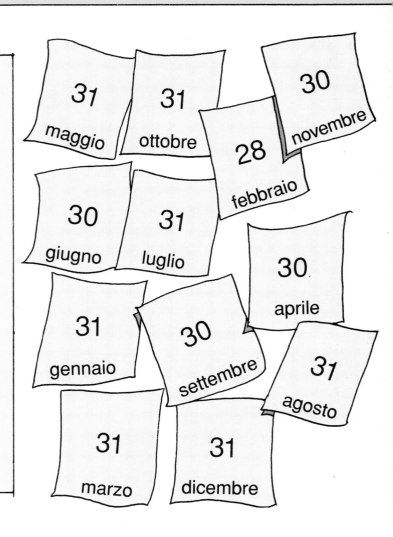

31 maggio
31 ottobre
30 novembre
28 febbraio
30 giugno
31 luglio
30 aprile
31 gennaio
30 settembre
31 agosto
31 marzo
31 dicembre

Trenta giorni conta novembre con aprile,
giugno e settembre.
Di ventotto ce n'è uno,
tutti gli altri ne han trentuno.

Il compleanno

- Ciao, Gianni!
- Ciao, Angela.
  Ciao, Giorgio.
  Sapete, ho una bella
  sorpresa per voi.
- Che sorpresa?
- Indovina...

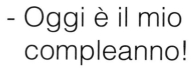

- Oggi è il mio
  compleanno!
- Il tuo compleanno?
  Auguri!
- Buon compleanno!
  Dimmi, quanti
  anni hai?
- Ho sette anni.

- Oh, guardate! Ecco la mamma con la torta. Grazie, mamma!
- Tanti auguri, Gianni!
- Auguri! Buon compleanno. Ora ti cantiamo una canzone.

Cantiamo!

Tanti auguri.

Tan-ti augu-ri a te tan-ti augu-ri a te
Tan-ti augu-ri a te tan-ti augu-ri a te

La famiglia di Anna

Questa è la mamma
di Anna.
Si chiama Eva.

Questo è il babbo
di Anna.
Si chiama Ugo.

Questa è Anna.

72

Questo è Ivo il
fratello di Anna.
Ha dieci anni.

Questa è Lia,
la sorella di Anna.
Ha dodici anni.

Questo è il fratello
di Anna.
Ha due anni.

Fratelli e sorelle

- Hai fratelli?
- Sì, ho una sorella
  e un fratello.
- Quanti anni ha
  tuo fratello?
- Mio fratello ha
  undici anni.
- Quanti anni ha
  tua sorella?
- Mia sorella ha
  nove anni.

- Hai fratelli?
- No, non ho fratelli,
  ma ho due sorelle.
- Quanti anni hanno?
- Una ha dieci anni,
  l'altra ha tredici anni.

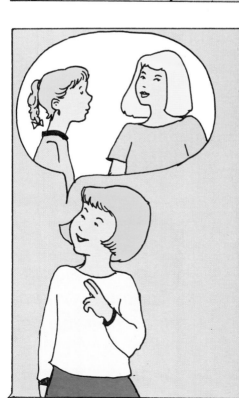

- Hai sorelle?
- No, non ho sorelle, ma ho un fratellino.
- Quanti anni ha?
- Ha un anno.

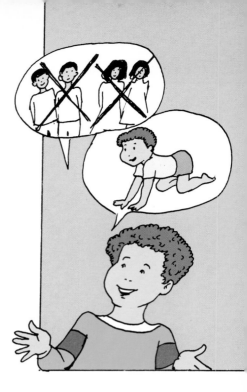

Rispondi!

Come si chiama il tuo babbo?
Come si chiama la tua mamma?
Hai fratelli?
Hai sorelle?
Come si chiamano?

Gioco a catena. Un bambino chiede al compagno:
"Come si chiama la tua mamma?"
Il compagno risponde e a sua volta, chiede al vicino
di banco "Come si chiama il tuo babbo?"
Il gioco prosegue con domande: "Hai fratelli?" "Hai sorelle?"

Il fratellino

Il fratellino di Clara tira sempre
la coda al gatto.

Chi tira sempre la coda al gatto?
Che cosa dice il gatto?
Che cosa dice Clara?
Che cosa risponde il fratellino?

Il nonno   e   la nonna

Il babbo   e   la mamma

Il fratello   e   la sorella

Il nonno è vecchio. Anche la nonna è vecchia.

Il babbo è giovane. Anche la mamma è giovane.

Il fratello è piccolo. La sorella è grande.

È passato il vento.

Sai mettere in ordine?

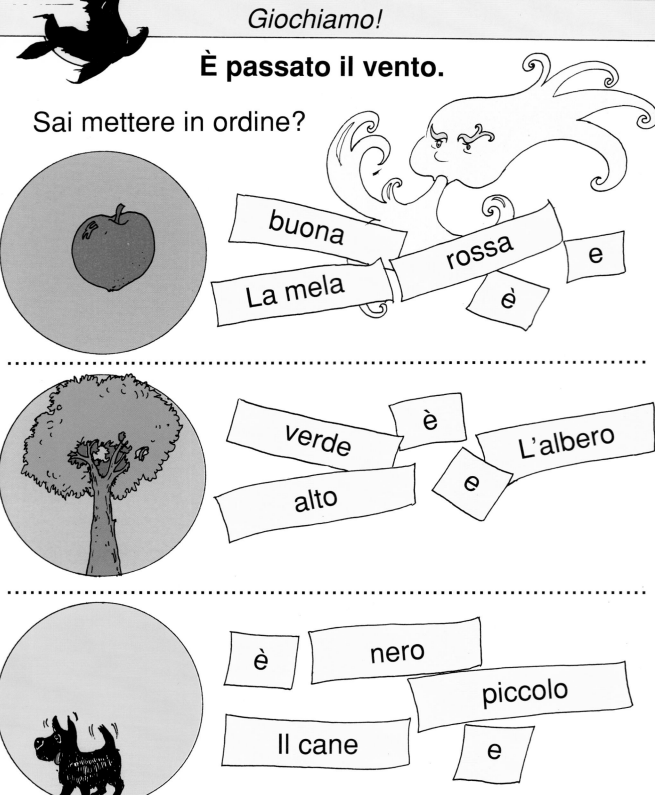

buona

rossa

e

La mela

è

verde

è

L'albero

alto

e

è

nero

piccolo

Il cane

e

78

Sono le sette

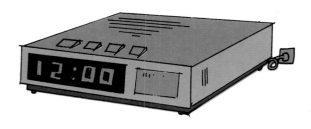

Sono le dodici

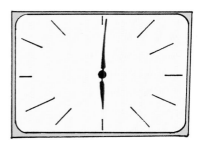

Sono le sei

Sono le otto

Sono le nove

Sono le tre.

Che ore sono?	Che cosa fai?

 Sono le sette.  Mi alzo.

 Sono le otto. Vado a scuola.

 Sono le una.  Mangio.

 Sono le quattro. Gioco.

 Sono le cinque.  Guardo la televisione.

 Sono le nove.  Vado a letto.

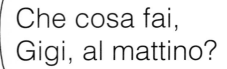 Che cosa fai, Gigi, al mattino?

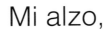 Mi alzo,

vado in bagno,

 mi lavo,

 mi lavo i denti,

 mi pettino,

 mi vesto,

 faccio colazione

 e vado a scuola.

82

Gioco dei mimi. I bambini prima coralmente, poi a turno, mimano le azioni che compiono al mattino, enunciandole ad alta voce.

Gioco a catena: Un bambino chiede al vicino: "Che cosa fai al mattino?". Il bambino risponde:"Mi sveglio".

Il suo vicino dice: "Mi alzo" e così via.

Orsetto giallo

Sono le nove. Luca dorme. Anche Orsetto giallo dorme nel letto di Luca.

La mamma di Luca vede Orsetto giallo nel letto.

- Come sei sporco, Orsetto - dice la mamma

- Fuori dal letto!

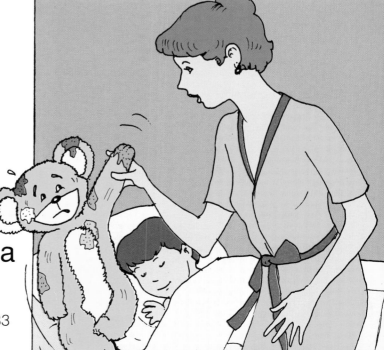

83

Orsetto giallo è
triste e piange...
Poi pensa...

Zitto, zitto, Orsetto
giallo va in bagno.

Prende il sapone e si
lava il musetto, gli
occhi, il naso,
gli orecchi.

Poi si lava i denti
con lo spazzolino
e il dentifricio.

Com'è pulito,
Orsetto giallo!
Com'è bello,
Orsetto giallo!

Zitto, zitto, Orsetto giallo
torna nel letto di
Luca e dorme contento.

Copri con un foglio le parole e, guardando
le illustrazioni, prova a raccontare la storia
di Orsetto giallo.

Che cosa vedi?

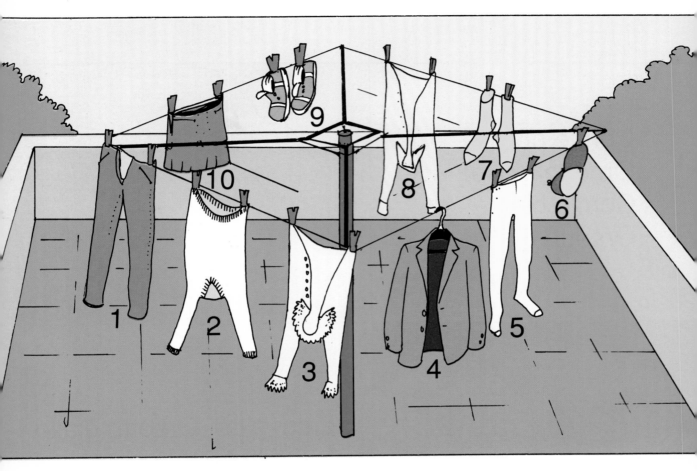

1 - i pantaloni
2 - la maglia
3 - la camicetta
4 - la giacca
5 - le calze

6 - il berretto
7 - i calzini
8 - la camicia
9 - le scarpe da ginnastica
10 - la gonna

- Mamma, metto la
  gonna o i pantaloni?
- Metti la gonna.
- Dov'è?
- É nell'armadio.

- Mamma, metto i
  pantaloni lunghi
  o corti?
- Metti i pantaloni lunghi.
- Fa freddo.

- Dimmi, Luca... Metto
  la camicetta
  gialla o la camicetta
  azzurra?
- Metti la camicetta gialla,
  mamma. Mi piace tanto!

Sono le

Finalmente anche Bip

va in

Si lava le   , il ed

anche la punta del .

Bip si veste. Si mette i

nuovi, una  nuova,

una  nuova, una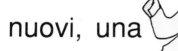

nuova e un nuovo.

Com'è elegante Bip!

Chi è?

Una bambina esce. Gli altri scelgono un compagno. La bambina entra in classe e deve indovinare chi è il bambino scelto.

Bambina: - È un bambino o una bambina?

Bambini: - È un bambino

Bambina: - Ha i capelli neri?

Bambini: - No!

Bambina: - Ha i capelli biondi?

Bambini: - Sì!

Bambina: - Ha i pantaloni neri?

Bambini: - No, non ha i pantaloni neri.

Bambina: - Ha i pantaloni rossi?

Bambini: - Sì, ha i pantaloni rossi.

Bambina: - Ha la maglia gialla?

Bambini: - Sì, ha la maglia gialla.

Bambina: - Ora lo so... È...

89

Or nel bosco andiam

Or nel bo-sco an-diam se c'è il lu-po noi scap-

piam se ci sen-ti-rà ci di-vo-re-rà!

Coro: Or nel bosco andiam
se c'è il lupo noi scappiam,
se ci sentirà,
ci divorerà.

Un bambino: Lupo ci sei? Cosa fai?
Lupo: - Mi sveglio, mi alzo.

Coro: Or nel bosco andiam...
Una bambina: Lupo ci sei? Cosa fai?

Lupo: - Mi lavo, mi vesto.
Coro: Or nel bosco andiam...

Una bambina: Lupo ci sei? Cosa fai?
Lupo: - Faccio colazione.

Quando il lupo dice "Faccio colazione" o "Mangio" i bambini scappano.
Il gioco può essere usato per il reimpiego di lessico relativo ad altri ambiti di esperienza.
Per es: "Metto i pantaloni, metto la maglia," ecc.

Il vestito

Giorno per giorno
io cresco un pezzetto
e il mio vestito
si è fatto stretto.
Perché non crescono
i vestitini
con i bambini?

L. Martini

Ho freddo!

- Perché non vai
  a passeggio?
- Perché ho freddo,
  mamma.

- Metti i guanti!
- Sì, ma ho freddo!

- Metti il berretto
  e la sciarpa di lana!
- Sì, ma ho ancora freddo.

- Metti il cappotto!
- Sì, metto il cappotto.

- Ora sto bene, non ho
  più freddo e vado a
  passeggio.

Nevica

E tu vai a sciare?
Vai a slittare?

La neve

La neve vien giù
un fiocco, due fiocchi
poi sempre di più.
    Vien giù lieve lieve
    davanti ai tuoi occhi
    la candida neve.

93

Che cosa fanno questi bambini?

Simonetta e Claudio corrono sulla neve.
Matteo cade. Paolo e Luisa sciano.
Roberta e Giulia slittano. Antonio, Franco e Nicola
giocano con le palle di neve.

Scrivi al posto giusto i nomi dei bambini
e rispondi:
Chi scia? Chi slitta? Chi corre sulla neve?
Chi cade? Chi gioca con le palle di neve?

Per favore, mi dai...?

- Mamma, per favore, mi dai due neri?
- Due bottoni neri? Certo!

- Mamma, per favore, mi dai una ?
- Una carota? Certo!

- Mamma, mi dai per favore, una vecchia ?
- Una vecchia pipa? Eccola!

- Mamma, per favore, mi dai anche un cappello nero?
- Sì, prendi! Ma dimmi, che cosa fai con due bottoni, una carota, una vecchia pipa e un cappello nero?
- Faccio un uomo di neve, mamma!

Il cielo, è grigio.

Il ☀ non c 'è più!

Piove!

La pioggia cade sull'

sulla ...... sulle ......

sugli ...... sulle ......

sui ...... che corrono a ......

L'ombrello è bagnato. La strada è bagnata.
Le macchine sono bagnate, gli alberi
sono bagnati. Anche i bambini sono bagnati.

Dove cade la pioggia? Racconta!
Com'è la strada? Com'è l'ombrello?
Come sono gli alberi? Come sono le
macchine? Come sono i bambini?

Piove!

- Mamma, vado in giardino.
- Oh, no, Michele.
- Perché?
- Perché piove.
- Fa lo stesso. Metto gli stivali e prendo l'ombrello.

- Dove vai, papà?
- Vado a lavorare.
- Prendi l'ombrello?
- No.
- Perché non prendi l'ombrello?
- Perché non piove più. Guarda, c'è il sole.

Tutti giocano

É domenica. Piove. Tutti sono in casa.

Il babbo e Piero giocano con i videogiochi.

Carlo e Roberto giocano con il trenino sul pavimento.

La mamma gioca con il gatto.

Martina gioca con la bambola.

Racconta con che cosa giochi.

Con chi?

Osserva l'illustrazione di p. 98 e completa

Chi?	Che cosa fa?	Con chi?
La mamma		con...............
Il babbo		con...............
Martina	gioca	con...............
Roberto		con...............
Carlo		con...............

Con che cosa?

Chi?	Che cosa fa? Che cosa fanno?	Con che cosa?
Il babbo e Piero		con...............
Roberto e Carlo	gioca giocano	con...............
Martina		con...............

Dove abiti?

E tu dove abiti?

Lino telefona a Carla

In campagna

Com'è bella la campagna!

Carla e Lino vanno in campagna con l'autobus L'autobus corre in mezzo ai prati e ai campi.

Che cosa c'è in campagna?

In campagna ci sono le fattorie. Nelle fattorie ci sono i contadini. Vicino alla fattoria c'è la stalla. Nella stalla ci sono i maiali. Nel cortile della fattoria ci sono le galline, i pulcini, le oche e i conigli. Nel prato, invece, ci sono le mucche, i cavalli e le pecore.

Nella vecchia fattoria

Nella vecchia fattoria
quante bestie ha zio Tobia
ia ia o
c'è la capra, capra ca ca capra
l'asinel nel nel nel.
Nella vecchia fattoria
ia ia o.

103

Che cosa c'è in città?

Come sono belli i prati!

Paolo, Lino e Carla sono seduti sull'erba del prato.

Paolo: - Non ci sono i prati in città?

Lino: - No, non ci sono. Sai, in città ci sono tante case.

Paolo: - Dove giocano i bambini?

Lino: - Giocano in giardino o al parco.

Paolo: - Dimmi, che cosa c'è in città?

Carla: - Ci sono grandi supermercati e negozi.

Paolo: - E poi?

Lino: - C'è tanto traffico: autobus, automobili, motociclette, biciclette.

Carla: - E vicino alla città ci sono le fabbriche.

Paolo: - Ci sono animali in città?

Carla: - Ci sono solo cani, gatti e uccellini.

Racconta!
Che cosa c'è in città?

Al supermercato

- Dove vai, mamma?
- Vado al supermercato.
- Posso venire anch'io?
- Certo!
- Anch'io, mamma, vengo con te.

Che cosa comperi?

Compero una bottiglia di vino e un pacchetto di pasta.

Comperi anche un sacchetto di caramelle?

Mamma, comperi una scatola di biscotti?

Che cosa compera?

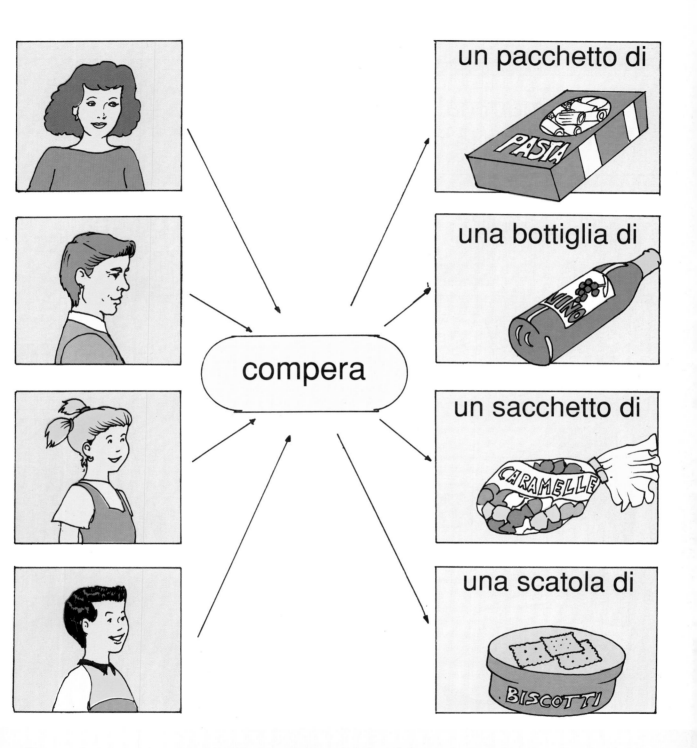

un pacchetto di

una bottiglia di

compera

un sacchetto di

una scatola di

Ora prova a scambiare le persone e le cose.
Quante frasi sai fare?

Ivo: - Buon appetito, mamma! Buon appetito, papà!

Luisa: - Che cosa c'è da mangiare?

Mamma: - C'è la minestra.

Luisa: - Oh, bene! La minestra mi piace.

Ivo: - Oh, no! La minestra non mi piace. E poi, che cosa c'è?

Mamma: - C'è pollo con insalata e patate.

Ivo: - Bene! Il pollo mi piace tanto!

Luisa: - Mamma, ho sete!

Mamma: - C'è l'acqua in tavola.

Ivo: - E tu, papà, cosa bevi? Vino o birra?

Papà: - La birra non mi piace. Bevo vino, grazie.

Mamma: - Anch'io bevo vino.

Che cosa mangia Ivo?
Che cosa mangia Luisa?
Che cosa beve il babbo?
Che cosa beve la mamma?

Racconta!

Che cosa ti piace?
Che cosa non ti piace?

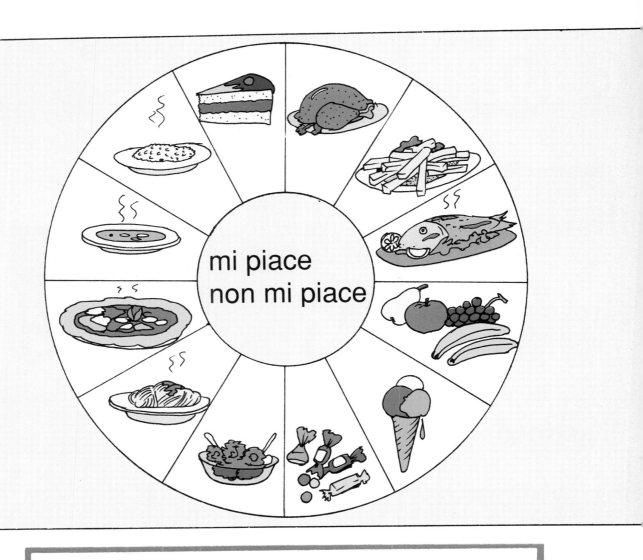

mi piace
non mi piace

*Gioco a catena. Un bambino chiede al compagno:
"Ti piace la frutta?".
Il compagno risponde e, a sua volta chiede
al vicino di banco:
Ti piace...?"*

Mi piace...

Filastrocca

Mi piace andare
con la mamma al mare,
nell'acqua nuotare,
sulla sabbia giocare.
Mi piace il mare.

Ti piacciono...?

*Gioco a catena: un bambino chiede al compagno:
"Ti piace...?" o "Ti piacciono...?
Il compagno risponde e fa la domanda al suo vicino
di banco.*

Pinocchio

Geppetto fa un burattino di legno. Il burattino si chiama Pinocchio.

 fa i primi passi, vede la

e scappa.

Corre per la 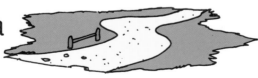 e gioca.

Ma poi ha tanta fame e torna a

Va in  e vede un.

Accende il e mette sul

una.  .

 rompe l' , ma... nell'

c'è un  .

Il scappa e  non mangia

Che cosa fa Pinocchio?

corre	mangia	canta	gioca	scappa	accende	piange	dorme.
X							

Il gelato di Bip

Gianni sta male

- Alzati, Gianni. Sono le sette.
- Sto male, mamma.
- Cosa?
- Sto male. Ho mal di testa.
- Davvero?
- Sì, mamma. Ho anche
  mal di denti.
- Mal di denti?
- Sì, mamma... e ho...
  mal di gola.
- Davvero, Gianni?
- Sì, mamma, davvero. E poi...
  ho anche la febbre.
- Ora basta, Gianni! Tu non hai
  né mal di testa, né mal di
  denti , né mal di gola, né la
  febbre! Tu non vuoi andare
  a scuola. Alzati subito!

Tu sei Gianni. La tua compagna è la mamma.
Prova a rifare questa scenetta.

Ha mal di...

Completa.

mal di testa	mal di pancia
mal di denti	mal di gola

Luca non va a scuola
perché.............................

Maria è a letto
perché.............................

Giorgio non mangia
perché.............................

Luciana piange
perché.............................

Che cosa ha?	**Che cosa fa?**

La scimmia ha fame.

Mangia una banana.

Il canguro ha sete.

Beve l'acqua.

Il cane ha caldo.

Fa il bagno.

Il topo ha paura.

Si nasconde.

L'orsetto ha freddo.

Mette la sciarpa.

119

Perché?

perché

ha sete

ha caldo

ha paura

ha sonno

ha fame

ha freddo

Quando sono malato...

Scegli la parola giusta.

Quando ho la o ho

 o devo stare a.

Non posso ,

non posso

non posso

non posso

Posso soltanto ,

, ,

e .

giocare a pallone

alzarmi

uscire

leggere

dormire

guardare la televisione

mangiare.

Posso...?

Che cosa chiedono questi bambini?

La festa della mamma

- Mamma, mamma, ho
  una sorpesa per te!
- Una sorpresa?
- Questi fiori sono per te,
  mamma!
- Per me?
- Certo! Oggi è la tua festa.
  Ti voglio bene, mamma!

Cantiamo!

Ci vuole un fiore.

124

Per fare un tavolo

ci vuole il legno.

Per fare il legno

ci vuole un albero.

Per fare un albero

ci vuole il seme.

Per fare il seme

ci vuole il frutto.

Per fare il frutto

ci vuole un fiore.

Per fare un tavolo

ci vuole un fiore.

G. Rodari

Pierino e il lupo

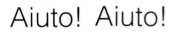

Pierino va nel prato con le pecore e il cane.
Pierino non sa che cosa fare. Per scherzo grida:
"C'è il lupo!"

I pastori corrono con i bastoni, ma...

Pierino ride e dice:
"Non è vero! Non è vero!"

126

Un giorno il lupo
viene davvero.
Pierino grida: "C'è
il lupo!".

Ma i pastori ridono
e dicono: "Non è
vero!".

Pierino scappa.
Poi sale su un
albero perché ha paura.
Il lupo mangia
tutte le pecore.

Sai raccontare
la storia di Pierino?

S. PERINI
PARLIAMO INSIEME L'ITALIANO, 2
GIUNTI GRUPPO EDITORIALE

Finito di stampare nel mese di agosto 1997 presso Giunti Industrie Grafiche S.p.A. – Stabilimento di Prato